LETTRE

SUR LA

COLONIE D'ALGER.

LETTRE

SUR LA

COLONIE D'ALGER,

A MM.

LES MEMBRES DE LA CHAMBRE DES DÉPUTÉS,

PAR J. SABBATIER.

PARIS,
CHEZ DELAUNAY, LIBRAIRE AU PALAIS-ROYAL.

1836.

Alger n'appartient ni à la restauration ni au gouvernement de juillet : conquis au prix du sang français, il appartient à la France. Ceux qui ont entrepris cette conquête, ceux qui en ont poursuivi le cours et agrandi le cercle, ont tous, selon moi, quelle qu'ait été la couleur de leur drapeau, bien mérité de la patrie ; de même, quiconque cherche à nous l'enlever aujourd'hui, n'est à mes yeux qu'un aveugle, s'il n'est pas un traître.

J'ai groupé dans un petit cadre et combattu une à une les raisons que l'on oppose à la colonisation ; mais ne voulant pas faire dégénérer une question nationale en question de personnes, j'ai évité de citer des noms propres. D'ailleurs, il m'eût été difficile de le faire, les objections que j'ai reproduites n'appartenant ni à un seul individu ni à tous. Que si quelqu'un s'obstinait à se reconnaître dans l'esquisse de certains portraits, je n'aurais sans doute pas le pouvoir de l'en empêcher, mais j'aurais, comme le président de la Chambre des Députés, le droit de dire : « *Honni soit qui mal y pense.* »

A MM. LES MEMBRES

DE LA

CHAMBRE DES DÉPUTÉS.

MESSIEURS,

L'un de nos plus spirituels écrivains a fait dire par un de ses personnages dramatiques : « Calomniez, calomniez, il en restera toujours quelque chose. » Fidèles à une maxime à peu près semblable, les adversaires de notre colonie d'Alger se sont dit : « Faisons du bruit, beaucoup de bruit, nous ferons toujours quelques dupes : car, si les hommes supérieurs, qui sont en petit nombre, ne réfléchissent pas toujours, les hommes médiocres réfléchissent encore moins, et ceux qui ne sont ni supérieurs ni médiocres ne réfléchissent pas du tout; d'où il suit que chez la plupart les oreilles tiennent lieu de cerveau, et que, pour les faire agir dans un sens ou dans un autre, il suffit de les étourdir. »

Ce raisonnement, juste peut-être quand il s'applique à la généralité des hommes, ils osent vous l'appliquer à vous, Messieurs, aux élus de l'élite de la nation, se fondant sans doute sur ce que la nature, qui a mis tant de variété dans les feuilles du même arbre, n'a probablement pas coulé dans le même moule tous les membres d'une grande assemblée, ni voulu que parmi vous il n'y eût pas, comme dans tout, des nuances infinies, des esprits éclairés propres à éclairer les autres, et des esprits peu éclairés et peu propres à l'être. « Or, ajoutent-ils, si nous parvenons à égarer ceux-ci et à étourdir ceux-là, nous aurons atteint notre but, car à l'orage de la discussion succède le silence de l'urne, et à l'inégalité de l'intelligence l'égalité du poids des boules. »

Et en effet, Messieurs, comment ne seriez-vous pas exposés à vous tromper, lorsque tant de passions diverses se liguent contre vous, lorsque l'on vous inonde chaque jour de libelles dans lesquels on débite, avec aussi peu de respect que de bonne foi, des mensonges grossiers, dont l'appréciation demanderait plus de temps que vous n'en avez. Et que serait-ce donc si, au milieu de tant d'obstacles, vous aviez encore à lutter contre les petitesses de l'amour-propre et le feu croisé des préjugés et de l'ambition? Ne faudrait-il pas, en vérité, qu'en vous conférant votre mandat, les colléges électoraux vous eussent en quelque sorte conféré l'infaillibilité?

Heureusement pour vous, plus heureusement pour nous, vous êtes, Messieurs, prémunis contre tant d'écueils par le patriotisme le plus pur, et l'abnégation la plus complète de vos intérêts privés devant les grands intérêts du pays.

Mais pourquoi faut-il que nous ayons toujours à défendre notre colonie d'Alger, même devant vous? Alger vaut-il moins que la Lorraine ou l'Alsace? Pourquoi faut-il que ses ennemis, muets pendant le reste de l'année, se comptent, se réunissent et s'agitent, au moment de la discussion du budget, semblables à ces corbeaux affamés qui viennent, aux approches de l'hiver, s'abattre dans nos champs et nous attrister de leurs cris? Comment se fait-il qu'au signal des bédouins de Paris, les bédouins d'Afrique trouvent des armes, des munitions, des chefs, et ne manquent jamais de faire une levée de boucliers?

Que vous seriez surpris si l'on vous disait par quels moyens les habiles d'entre eux parviennent à multiplier leurs voix pour dissimuler leur petit nombre! que vous seriez indignés si vous saviez de quelles honteuses machinations on veut vous rendre les complices, quel en est le but secret, d'où part l'impulsion qui met tous ces rouages en mouvement, quel prix est réservé au succès!... Mais les faits parlent assez d'eux-mêmes sans que je les explique davantage; d'ailleurs M. le président actuel du conseil n'ignore probablement rien de ce que son prédécesseur a si bien su.

Si je parviens à détruire les objections que l'ignorance ou la perfidie élèvent contre l'occupation d'Alger; si je vous démontre ensuite que l'abandon de cette colonie serait un acte de spoliation et de vandalisme qui soulèverait contre vous l'indignation du pays, que l'évacuation de l'intérieur et la simple conservation des points fortifiés ne serait qu'un moyen détourné de vous amener à l'abandon, que les auteurs de l'une ou l'autre de ces insinuations ne peuvent être que des dupes ou les émissaires de l'étranger; si je vous démontre enfin qu'il est trop tard pour renoncer à la possession d'Alger, et que d'ailleurs toute tentative de ce genre serait de votre part un excès de pouvoir que le gouvernement ne pourrait tolérer sans être accusé lui-même de trahison ou de démence, j'aurai certainement atteint le seul but que je me sois proposé, celui de prévenir le retour annuel d'une polémique qui, désormais inutile au dedans, ne peut produire au dehors que troubles et dangers.

Ou les adversaires de la colonie ont des arguments cachés qu'il est de leur devoir de produire, ou ce n'est pas sur de simples arguments qu'ils fondent leur espoir, car ceux qu'ils nous opposent et que je vais successivement examiner ne me semblent guère de nature à vous convaincre.

Le climat d'Alger, disent-ils, *est brûlant et malsain.*

Il n'est sans doute aucun de vous, Messieurs, qui n'ait lu Salluste, juge fort compétent en cette matière, car il avait long-temps habité l'Afrique; or, Salluste a dit, et l'on ne s'est pas avisé de le démentir : « *Mare sævum, importuosum ; ager frugum fertilis, bonum pecori.... Genus hominum salubri corpore, velox, patiens laborum ; plerosque senectus dissolvit, nisi qui ferro aut bestiis interiere : nam morbus haud sæpe quemquam superat.* »

On ne prétendra pas, je le suppose, que, d'orageuse qu'elle était autrefois, la mer soit, de nos jours, devenue calme dans ces parages. Est-il plus croyable qu'un pays où le climat était doux et sain, où la plupart des maladies qui règnent en Europe étaient inconnues, où les hommes ne mouraient que de vieillesse, soit devenu tout à coup insalubre, inhabitable même, uniquement pour donner raison à ceux qui en parlent sans le connaître, ou qui ont, pour en parler comme ils le font, des motifs dont ils se garderont bien de vous donner le secret?

Le nombre des malades est beaucoup plus considérable en Afrique qu'en France.

Une double distinction est ici nécessaire : quand on dit en Afrique, on dit évidemment dans toute l'étendue de nos possessions; quand on dit le nombre des malades, on comprend toute la population. Or, ni l'une ni l'autre de ces deux assertions n'est exacte. Il est vrai qu'à Bone et à Bougie le nombre des militaires malades a été plus considérable qu'en France; mais d'où vient que la population civile n'ait point souffert des exhalaisons prétendues morbides dont on fait tant de bruit? Si la cause de cette différence peut être expliquée par les fatigues ou l'intempérance du soldat, j'avoue que j'ai peine à comprendre l'insalubrité d'un climat qu'un ordre du jour a le pouvoir d'assainir.

Et quand il serait vrai que les villes de Bone et de Bougie fussent entourées de quelques marais, s'ensuivrait-il que l'on dût abandonner la Régence? C'est ce que l'on ne cesse de vous insinuer; mais vous, Messieurs, qui ne fondez pas vos jugements sur des figures de rhétorique, vous ne prendrez sûrement pas ici la partie pour le tout. Vous direz : « Si Bone et Bougie sont marécageux, il faut dessécher les marais; mais il ne faut même pas évacuer Bone et Bougie : car Rome ne l'a jamais été à cause des marais Pontins, et très probablement la France ne le sera pas de sitôt à cause de Rochefort ou de l'île de la Camargue. »

Nos soldats contractent de mauvaises habitudes en Afrique.

Ils y ont contracté celle de vaincre; et c'est, j'en conviens, une fort mauvaise habitude, que les Kabaïles et leurs alliés voudraient bien leur faire perdre.

Ils y sont à l'école de l'insubordination, car on n'envoie en Afrique que la lie des régiments.

S'il était vrai que l'insubordination fût à l'ordre du jour en Afrique, faudrait-il encore en accuser le climat? et si l'on n'y eût envoyé que la lie des régiments, devrait-on s'étonner de ne pas y en retrouver l'élite?

Mais vous comprendrez, Messieurs, que je n'ai pas à défendre sérieusement l'armée contre des détracteurs qui n'ont à lui reprocher que des victoires auxquelles il serait pour eux plus honorable d'avoir pris part.

Alger conquis par hasard, et sous un prétexte futile, est un funeste présent de la restauration ; c'est un chancre qui nous ronge, un boulet que nous traînons au pied.

Critiquer les motifs qui ont donné lieu à un glorieux fait d'armes n'est pas atténuer le mérite de ce fait d'armes ; dire qu'un soufflet donné au représentant de la France, n'était pas une insulte pour la France, ne prouve pas non plus que la restauration ait eu tort d'en tirer une éclatante vengeance, cela prouve uniquement que ceux qui tiennent ce langage, ne sont pas difficiles en fait d'honneur national.

Mais vous, Messieurs, qui ne sauriez voir les choses du même œil, vous reconnaîtrez sans doute qu'oser entreprendre ce que, pendant quatre cents ans, la chrétienté tout entière avait vainement tenté, fut au moins avoir conçu une haute idée de la France de 1830; que triompher où Charles-Quint et Louis XIV avaient échoué, ne fut pas un événement sans gloire; que mettre un terme à l'esclavage des blancs, et à cette piraterie odieuse qui depuis tant de siècles insultait tous les pavillons, fut un acte de grandeur et d'humanité; que préparer l'instant où nos lumières et notre contact feront participer deux millions d'hommes au bienfait de la civilisation européenne; qu'ouvrir à notre commerce et à notre industrie des débouchés jusque alors inaccessibles ou peu connus, une carrière à cette exubérance de population qui souffre et meurt de misère au sein de la métropole; que doter, en un mot, la France d'un continent nouveau, qui lui offre réunis à ses portes tous les trésors de l'Amérique et de l'Asie; vous reconnaîtrez, dis-je, que rien de tout cela ne ressemble à un funeste présent, à un chancre rongeur, à un boulet que nous traînons au pied. Peut-être même conviendrez-vous que, si quelque chose pouvait faire pardonner à la restauration son origine et ses fautes, ce serait une conquête qui sera désormais, quoi qu'on fasse, d'un grand poids dans la balance où se pèsent les destinées des empires.

Nous sommes dans l'impossibilité de soumettre les indigènes.

J'oserai demander sur quoi l'on fonde cette assertion. Dire qu'une chose est impossible n'est pas le prouver, ni même toujours le croire, mais c'est souvent le faire croire : car, telle est la bizarrerie de l'esprit humain, que parfois il se refuse à l'évidence, et consent à admettre ce qu'il y a de plus insensé. N'a-t-on pas cru pendant quinze jours aux hommes ailés de la lune? Et si la question eût dû être décidée par la Chambre des Députés, ne se serait-il pas trouvé des crédules et même des incrédules qui seraient venus lui dire en avoir vu? Mais ce n'est pas de cela qu'il s'agit.

Les habitants de la côte d'Afrique sont indomptables, dites-vous : d'où vient donc qu'ils aient toujours été domptés? d'où vient qu'ils aient successivement adopté les mœurs et les usages des Romains, des Grecs de Constantinople, des Vandales et des Arabes, et que, de chrétiens qu'ils avaient été long-temps, ils soient devenus mahométans lors de l'invasion des Turcs? Les Kabaïles d'aujourd'hui sont-ils donc plus féroces, plus terribles dans la guerre, que les Libyens, les Numides, les Gétules et les Garamantes, d'autrefois? — C'est le même peuple, ce sont les mêmes habitudes, c'est à peu de chose près la même manière de combattre. Direz-vous que nos soldats ne valent pas les soldats romains? Mais l'Europe est là qui vous donnerait un éclatant démenti. Et quant aux machines et aux armes de guerre, vous ne supposerez sans doute pas que les javelots romains fussent plus meurtriers que notre mitraille, leurs balistes et leurs catapultes plus redoutables que nos pièces de trente-six, ni leurs trirèmes que nos vaisseaux à trois ponts.

Mais qu'est-il besoin de prouver que nous pouvons soumettre la Régence, lorsque, sous un chef habile, une poignée d'hommes a suffi pour étendre notre domination jusqu'au pied de l'Atlas? Jusqu'ici l'armée française a donc rivalisé avec l'armée romaine; que dis-je? elle a surpassé l'armée romaine, car le sénat romain encourageait ses combattants, et nous avons tout fait pour décourager les nôtres : parti du Capitole, le *Delenda Carthago* retentissait jusqu'aux extrémités de l'empire, et, parti de je ne sais quel carrefour, le cri *En arrière!* a retenti jusque dans la Chambre des Députés. Prenez-y garde, Messieurs, ces mots sont barbares, et, fussent-ils écrits dans une loi, je doute qu'ils pussent jamais l'être dans le cœur de nos soldats.

L'occupation d'Alger est ruineuse pour la France.

Assurément personne ne déplore plus que moi l'énormité d'un budget d'année en année plus insuffisant; personne ne déplore plus que moi, surtout, qu'au lieu d'atteindre exclusivement le superflu du riche, il soit en grande partie prélevé sur la subsistance du pauvre; mais ce qui fait murmurer la nation, qui a grande raison de murmurer, croyez-le, Messieurs, c'est moins encore l'élévation du chiffre que l'emploi de la dépense.

Avant de toucher au budget d'Alger, regardez autour de vous et parmi vous; voyez combien de gros traitements affectés à des fonctions qui ne sont pas remplies, ou qui ne le sont qu'à demi, et calculez le nombre d'hommes qu'il serait possible d'équiper et d'entretenir avec des économies qui ne blesseraient ni la morale, ni la dignité de la France.

Mais j'admets que, sur une dépense totale de 1300 millions, la dépense partielle de *cinq* ou *six* millions soit énorme : s'ensuit-il que vous deviez la supprimer, si elle est utile, indispensable ? et ne seriez-vous pas tentés d'envoyer aux Petites-Maisons le visionnaire en économie qui, vous promettant une paix éternelle, vous conseillerait de rayer de votre budget la dépense de vos places fortes?

Vous ressembleriez fort à ce visionnaire, Messieurs, si, après avoir dépensé deux cents millions à Alger, vous abandonniez cette conquête au moment où le sol commence à produire, et où les relations commerciales qui s'ouvrent de tous côtés annoncent la fin prochaine des sacrifices. Les raisons d'économie que l'on vous fait entrevoir ne sont donc qu'un piége habilement tendu, qu'un moyen perfide de vous arracher par surprise un vote absurde et antinational.

Alger ne nous offre aucun produit que nous ne puissions tirer d'ailleurs, et à meilleur marché.

Je regrette que l'auteur de cette assertion n'ait pas daigné nous apprendre d'où nous pourrions tirer mieux et à meilleur marché que d'Alger les produits connus sous le nom de *denrées coloniales*. Voudrait-il par hasard faire venir du coton, de la canne à sucre et de l'indigo, dans les landes de Bordeaux ou sur les montagnes de l'Auvergne? Mais vous, Messieurs, qui savez que ces denrées nous viennent du Sénégal, de l'Asie, de l'Egypte et de l'Amérique du Sud, vous penserez sans doute qu'il y aurait profit non seulement pour la France, mais pour une grande partie de l'Europe, à ce qu'elles fussent cultivées à cent cinquante lieues de nos côtes; vous reconnaîtrez également que Marseille ne serait pas, comme on voudrait vous le faire accroire, la seule ville qui profiterait de si grands avantages, et qu'il n'est pas un seul de nos ports que les produits de la colonie ne pussent alimenter et enrichir : car, si Alger est loin de Dunkerque, l'Inde orientale et les Antilles anglaises en sont encore plus loin.

Alger ne mérite pas d'être colonisé; d'ailleurs, nous ne sommes pas colonisateurs.

Je me garderai bien de dire que ceux qui raisonnent de la sorte soient capables de quelque chose; mais qu'il me soit permis de rappeler que cette terre d'Afrique, si dédaignée par certains hommes, fut surnommée jadis *le grenier d'abondance de l'Italie;* que cette côte, si insalubre et si sauvage, suivant eux, mais qui, aux yeux de ceux qui l'ont vue, ne le cède en rien aux sites si renommés de Florence, de Richmond et de Chantilly, fut couverte de maisons de plaisance, et servit de rendez-vous à ce que le sénat et la noblesse de Rome comptaient de plus illustre; que l'on y vit cinq cent trente-cinq évêchés du temps de saint Augustin, et que l'on y aperçoit encore, sur les bords d'une seule rivière, les ruines de quarante villes romaines. Et pourtant Rome n'était guère moins éloignée du lieu où fut Carthage que Marseille ne l'est d'Alger, et les Romains ne connaissaient ni les bateaux à vapeur, ni les chemins de fer, ni les puits artésiens; ils nous étaient même très inférieurs en agriculture. Mais Rome savait vouloir, et le sénat se soumettre à la volonté de Rome.

On ne se fait pas d'idée d'une colonie hérissée de baïonnettes, dans laquelle il faudrait labourer avec le sabre, et égorger les indigènes jusqu'au dernier.

Si, au lieu de fixer les bornes de l'intelligence humaine aux limites de sa propre intelligence, l'auteur des lignes qui précèdent eût commencé par lire ce que d'autres ont écrit sur le même sujet, il est à croire qu'il eût préféré se taire à n'avoir raison qu'en prêtant à ses adversaires des sottises qu'ils n'ont pas dites. Je pense, comme lui, qu'une colonie hérissée de baïonnettes n'est pas digne de nous; mais je l'engage à lire une très courte brochure intitulée : *Colonisation de la Régence d'Alger* (1), dans laquelle on démontre, selon moi, qu'il est possible de labourer en Afrique autrement qu'avec le sabre, et même d'enrichir les indigènes, au lieu de les égorger; mais il fallait bien commencer par les soumettre.

En admettant que la colonisation fût possible, on ne pourrait pas l'improviser : dès lors il est sage de ne pas l'entreprendre.

Je sais, Messieurs, que l'on pourrait dire de fort jolies

(1) Firmin Didot, 1836.

choses à ce sujet, et même donner un rude échec à la colonisation, si les épigrammes étaient des syllogismes. Fort heureusement pour elle, les têtes à calembour sont rarement de fortes têtes, et je pense que ni vous ni moi n'avons beaucoup à nous en occuper.

On n'improviserait pas la colonisation. Qui parle d'improviser une colonisation ? *Dès lors il faut y renoncer.* Admirable conclusion vraiment ! Dieu veuille, Messieurs, que vos fermiers raisonnent plus mal, et que l'impatience de faire la moisson ne les empêche pas d'ensemencer vos champs !

Si la colonisation d'Alger est avantageuse et possible, d'où vient que, depuis cinq ans, elle n'ait pas été opérée ?

Cela vient, Messieurs, de ce qu'à chaque discussion du budget, certains hommes, que vous pourriez connaître, n'ont jamais manqué de conseiller au gouvernement et à la Chambre l'abandon de la colonie, et de répandre en même temps dans le public que, cet abandon ayant été convenu avec l'Angleterre, le gouverneur et les troupes seraient prochainement rappelés. Ce bruit était même si généralement accrédité à une certaine époque, que plusieurs d'entre vous crurent devoir sommer le ministère de donner les explications les plus positives à cet égard.

En même temps que l'on semait ici la défiance et le découragement, on entretenait avec l'Afrique une correspondance (1) très active dans laquelle on recommandait

(1) On m'annonce à l'instant que, sur l'avis qui lui a été donné que sa correspondance avait été saisie, le chef de cette intrigue vient de quitter précipitamment, avec toute sa famille, l'hôtel qu'il occupait dans une rue voisine de la Chambre des Députés. Ses passeports sont, dit-on, visés pour Constantinople.

aux scheiks de l'Atlas d'ordonner une levée en masse, et d'attaquer sur tous les points à la fois une armée vaincue d'avance par le désir de l'être et par celui d'évacuer le pays.

Vous savez comment Abd-el-Kader a profité de ces conseils, et quels dangers courait la colonie si la presse, qu'il n'est pas facile d'égarer, n'eût relevé le moral de la nation, pendant qu'un illustre maréchal soutenait l'honneur de nos armes, et poursuivait le cours de ses conquêtes.

Que diriez-vous, Messieurs, si les honnêtes gens que je vous signale étaient précisément ceux qui nous demandent aujourd'hui pourquoi la Régence n'est pas soumise et couverte de moissons ?

Avant de civiliser l'Afrique, civilisons la France, si inférieure à l'Allemagne, la nation du monde la plus éclairée.

Qu'un juste sentiment d'orgueil national me fasse pardonner ici une courte digression, moins étrangère à mon sujet qu'elle ne paraît l'être.

Vaincu sur tous les champs de bataille, mais pénétré de cette grande vérité que les livres gouvernent le monde, un ministre habile ne désespéra pas, il y a vingt-cinq ans, de mettre un terme à nos conquêtes et à ses revers. Trop éclairé pour attribuer à notre supériorité militaire une autre cause que la supériorité de notre civilisation, et craignant plus encore l'invasion de nos idées que celle de nos armées, ce ministre, qui serait un grand homme s'il eût fait pour l'émancipation des peuples ce qu'il a fait pour leur asservissement, ne se borna pas à proscrire et à falsifier nos livres ; il éleva école contre école, jeta les fondements de ce temple de l'obscurantisme, dont Schlegel et Kotzebüe furent les premiers prêtres, et peu d'années lui suffirent pour étouffer la raison naissante en

Allemagne, et pour former dans le mysticisme de la doctrine ces transfuges qui devaient nous arriver plus tard dans les fourgons des Cosaques et des Pandours.

Vous savez comment ils parvinrent à captiver la confiance du gouvernement, contre lequel ils conspiraient en secret, à envahir les emplois les plus éminents, à infester l'instruction publique; à inspirer à la jeunesse, avec le dégoût de toute étude sérieuse, l'oubli des hommes les plus illustres de ce siècle, des Delille, des Lebrun, des Garat, des Victorin Fabre; à faire du théâtre l'école du scandale et de je ne sais quel ignoble patois, et enfin à substituer à la morale, base éternelle de toute saine politique, cette désespérante et impitoyable fatalité, qui assimile l'homme à la brute.

Chose étrange! ces missionnaires de nouvelle espèce, si soigneux de cacher leur nébuleuse origine, même à leurs adeptes, ce qui a fait dire qu'ils avaient fait beaucoup de dupes et peu de complices, ils se dévoilent aujourd'hui qu'ils ne sont plus qu'une impuissante faction; l'idée de la civilisation de l'Afrique leur fait mal, et il leur semble qu'un dernier hommage rendu à l'Allemagne et un dernier outrage fait à la France doivent les consoler de leur chute.

Au lieu de traîner au pied le boulet d'Alger, emparons-nous de Négrepont et de Candie; nous trouverons dans cette conquête honneur et profit.

Que vous semble, Messieurs, de la candeur de l'excellent homme qui tout à l'heure vous conjurait, au nom de l'humanité et de l'économie, d'extirper *le chancre rongeur* d'Alger, et qui, prenant subitement une allure de matamore, vous propose d'aller pourfendre les Turcs de Négrepont et de Candie, sans doute encore par esprit d'économie, et pour épargner le sang de nos soldats, qui, cette fois, n'auraient contre eux que l'Europe tout entière? Je sais combien les pâturages de l'Eubée sont attrayants, mais à ce prix ils nous coûteraient trop cher.

Nos batailles en Afrique ne sont que de sottes escarmouches qui nous rendent la risée de l'Europe.

Eh quoi! cette expédition conçue avec tant de sagesse, conduite avec tant d'habileté, exécutée par des conscrits avec une ardeur et une résolution dignes des vieilles bandes de l'empire, dans laquelle on vit chaque homme combattre contre cinq et tous contre la fureur des éléments et les difficultés du terrain, cette expédition n'aurait été qu'une sotte escarmouche!

Et ce jeune prince qui, brûlant de se signaler et de s'instruire sous l'un des plus grands capitaines de l'époque, préfère le titre de simple soldat aux vaines prérogatives de la naissance; qui, trompant la vigilance de ses aides-de-camp et la prudente circonspection du général en chef, s'informe furtivement, la veille, de la colonne qui doit le lendemain s'engager la première; qui partage toutes les fatigues, toutes les privations de l'armée; que l'on voit au premier rang dans l'action; qui, déjà blessé et seul en avant, tombait au pouvoir de l'ennemi sans le dévoûment d'une compagnie électrisée par le danger qu'il court (1); ce prince n'aurait assisté qu'à une sotte escarmouche qui le rendrait la risée de l'Europe, et c'est à vous qu'on vient le dire! Auteurs des lois de septembre, que dois-je admirer le plus de l'audace de ce langage ou de votre indifférence à l'entendre?

Loin de nous être bon à quelque chose, Alger nous serait à charge, en cas de guerre maritime.

Quelque étrange que soit ce système, vous devez être,

(1) Je tiens ces détails de témoins oculaires également éloignés de vouloir flagorner les princes et de taire les faits qui leur font honneur.

Messieurs, peu surpris qu'on le défende, puisqu'il s'est trouvé parmi vous, il n'y a pas deux ans, un homme assez ingénu pour soutenir que la France, n'étant pas une puissance maritime, n'avait nullement besoin de nouveaux ports dans la Méditerranée. Je parie que, si on l'eût un peu pressé, ce grand homme d'état fût convenu que, pour devenir redoutable et florissante, la France, baignée par trois mers, devrait commencer par brûler ses vaisseaux.

Mais je me trouve heureux sur ce point de pouvoir invoquer le sentiment de celle de vos commissions qui, ayant sur les autres, et notamment sur celle de cette année, l'avantage de parler de ce qu'elle a vu, vous a révélé l'importance de Mers-el-Kebir, dont le port peut contenir soixante vaisseaux de haut-bord, et surveiller le détroit; vous a signalé les nombreux points de réfuge que nous offrent Oran, Bone, Bougie, Mostaganem, Arzew, etc., et aurait pu ajouter que, depuis notre conquête, toute cette partie de la Méditerranée n'est plus qu'un défilé dans lequel l'Angleterre elle-même ne se risquerait pas légèrement à engager ses vaisseaux.

Sans doute, comme on ne manquera pas de vous le dire, ces différents ports, et Mers-el-Kebir surtout, obligeraient à des dépenses; mais Gibraltar est-il donc sorti tout armé de la mer comme Pallas du front de Jupiter? et les Anglais songent-ils à l'abandonner à cause de ce qu'il coûte? Et pourtant ils n'ont pas à cultiver, autour de ce rocher, les terres les plus fertiles du monde.

Nous ne pouvions pas abandonner Alger en 1830, *l'honneur national et l'opinion publique s'y opposaient; nous ne pouvions pas non plus l'abandonner en* 1832, *des intérêts s'y étaient engagés sous la foi d'une protection permanente; mais nous pouvons l'abandonner aujourd'hui que l'honneur national et l'opinion publique réclament plus que jamais, et que les intérêts acquis sous la foi d'une protection garantie par tous les pouvoirs de l'état se sont multipliés à l'infini* (1).

Acculés sur ce terrain, les adversaires les plus acharnés de la colonie ont bien vu qu'ils seraient écrasés s'ils attaquaient de front ; ils ont bien compris qu'il était trop tard pour abandonner Alger, et qu'une telle demande, entraînant après elle la spoliation et la ruine de deux mille cinq cents familles européennes, le massacre de toute la population juive et des cent cinquante tribus qui nous ont fait leur soumission, serait un acte de démence ou d'effronterie dont assurément le partisan le plus furieux d'économie n'oserait pas assumer sur lui la responsabilité. Aussi prennent-ils une voie oblique et tortueuse. Ils vous disent : Renonçons à l'exploitation des terres, mais conservons les places fortes ; le budget sera réduit, et l'honneur national à couvert.

De tous les moyens d'arriver à l'abandon définitif, je n'en connais pas de plus perfide et de plus lâche que celui de la simple conservation des places.

Qui ne voit, en effet, qu'entasser des hommes les uns sur les autres dans une enceinte étroite, et sous un soleil ardent, serait les exposer à d'inévitables maladies, les décimer dans l'ombre, sans gloire et sans profit pour l'état, uniquement pour se donner à leurs dépens un argument contre la salubrité du climat ; que forcer nos soldats à se laisser insulter à leur poste, et leur défendre de repousser l'insulte, serait les exciter à la révolte, car ce serait leur commander l'impossible ; qu'évacuer l'intérieur serait renoncer aux ressources qu'il peut offrir, obliger les garnisons à tirer leur subsistance de la métropole, les exposer en cas de guerre à périr de misère, les placer en-

(1) Je défie les partisans de l'abandon, quels qu'ils soient, d'échapper à cette proposition, qui résume tous leurs systèmes.

tre deux feux, et les vouer ainsi à la destruction ou à l'opprobre des Fourches Caudines? Qui ne voit encore que, loin d'être économique, ce système serait le plus onéreux de tous? Quelles dépenses de fortifications! que de fatigues! et que de sang inutilement versé, pour masquer la trahison seulement pendant un an!

Ou je m'abuse, Messieurs, ou les manœuvres que je vous dévoile couvrent une conjuration habile contre la Chambre même des Députés.

Il est, vous ne l'ignorez pas, beaucoup d'esprits en France qui n'admettent que deux moyens de gouverner les hommes : le pouvoir absolu ou la liberté absolue; tout pouvoir intermédiaire leur paraît un contre-sens, une déception. A les entendre, il n'est pas d'assemblée délibérante qui n'ait substitué ses affections ou ses haines aux intérêts qu'elle s'était chargée de défendre; c'est aux prétendus représentants du pays qu'il faut, suivant eux, imputer la tourmente révolutionnaire qui depuis cinquante ans nous dévore et toutes les calamités qui en ont été la suite. Ils ne nient pas que des abus n'aient été extirpés, que des améliorations n'aient été introduites; mais ils n'en veulent tenir compte qu'à la marche du temps et à la philosophie du dix-huitième et du dix-neuvième siècle. C'est une assemblée délibérante, disent-ils, qui a donné à l'Europe le triste spectacle d'un roi traîné sur l'échafaud; c'est une assemblée délibérante qui a couvert la France de sang et de ruines; c'est une assemblée délibérante qui, par ses obséquiosités et sa honteuse souplesse, a préparé les revers et la chute de Napoléon; c'est une assemblée délibérante enfin qui, par ses complaisances et sa servilité, a conduit la restauration aux fusillades de la rue Saint-Denis, au licenciement de la garde nationale, et de là aux ordonnances de juillet.

Eh bien! je suppose qu'à force de vous circonvenir, ce qu'à Dieu ne plaise! on parvînt à surprendre votre religion : savez-vous ce que diraient les mêmes hommes? Ils diraient : « Si, au lieu de régner, le roi eût gouverné, jamais il n'aurait abandonné Alger; ses discours, la présence de son fils au milieu de nos régiments d'Afrique, nous en sont garants ; si la volonté nationale eût été consultée, Alger fût devenu le plus beau département de la France; la presse est unanime sur ce point. Qu'est-ce donc que ce pouvoir bâtard qui, ne tenant compte ni de la volonté royale, ni de la volonté nationale, nous représente à sa manière, et non comme nous entendons l'être? Périsse un mode de gouverner dans lequel trois cents hommes pourraient exercer à leur gré une dictature insolente au dedans, déshonorante au dehors! »

Ai-je besoin de vous dire, Messieurs, que la Chambre assez malheureuse pour faire passer dans la bouche du plus grand nombre ce langage de quelques uns aurait détruit à jamais les bases sur lesquelles le gouvernement représentatif repose? Or, tout acte tendant à renverser un gouvernement, même mauvais, est toujours un mal, quand on n'a pas un gouvernement meilleur à y substituer : renverser le gouvernement que l'on aurait fondé serait un caprice inexplicable; et si on lui avait juré obéissance et fidélité, ce serait un crime.

Certes, je suis loin, bien loin de vous prêter un tel projet : car, à défaut de patriotisme, votre intérêt me répondrait de vos intentions; mais j'oserai vous représenter qu'abuser d'un pouvoir, c'est l'anéantir, et qu'il n'est pas d'abus plus intolérable que celui auquel on vous excite. Que si, par un refus de subsides, une majorité, souvent factice, pouvait, en vertu d'un mandat temporaire, et sans encourir de responsabilité directe, abandonner une colonie, où s'arrêterait cette omnipotence parlementaire? Qui l'empêcherait d'imposer en tout sa volonté à la volonté du pays, et à celle du chef de l'Etat, qui décide de la paix et de la guerre, dont le trône est inamovible et héréditaire, et qui cependant n'a pas le droit d'aliéner même les diamants de la couronne?

Il est des limites à tout, et par conséquent au droit qu'a la chambre de réduire les dépenses publiques. Si j'ai souvent remarqué que la discussion annuelle du budget pouvait être, pour certains orateurs, une occasion de se rendre populaires, et pour certains rapporteurs celle de devenir ministres, il ne m'a jamais été bien prouvé que, pour être plus éclairé sur la moralité de ses gouvernants, le pays fût gouverné à meilleur marché : car je n'ai jamais eu la certitude que les sommes refusées sous le titre de crédits ordinaires ne fussent pas accordées plus tard sous le titre de crédits supplémentaires ou extraordinaires. Je ne sais même pas s'il peut en être autrement avec un ministère responsable, et je sais encore moins si ce ministère a beaucoup à redouter une chambre que le roi peut dissoudre. Toujours est-il qu'il n'aurait pas à s'inquiéter dans un conflit où la France serait ministérielle, et la chambre anti-française.

Qu'un examen plus approfondi de ces hautes questions puisse amener à reconnaître que quelques unes des garanties qui nous sont promises ne reposent souvent que sur les dissidences de pouvoirs obligés d'être toujours d'accord, c'est ce dont je n'ai point à m'occuper ici ; n'ayant pas eu l'honneur de faire la Charte, je la respecte et m'y soumets : c'est tout ce que je puis faire.

Messieurs, je crois vous avoir démontré que les ennemis de la colonisation d'Alger ne sont ni les amis de la France, ni les vôtres, ni ceux des institutions que vous avez fondées ; je crois vous avoir encore démontré que l'abandon de la colonie n'est plus possible, et que la réduction du budget, dont les événements de la Tafna viennent de vous révéler l'inconséquence et le danger ne serait qu'un piége pour vous amener à l'abandon définitif; je crois vous avoir démontré, enfin, qu'un vote rendu dans ce but serait, de votre part, un acte de rébellion contre la prérogative royale et la volonté du pays. D'autres prétendent que ce serait un acte bien plus grave, car ils supposent que vous savez à quelle influence occulte obéit l'empereur de Maroc, et quelle puissance rivale convoite nos dépouilles en Afrique.

Pour moi, Messieurs, qui connais la loyauté de vos intentions, et qui n'ai rien légèrement avancé dans cette lettre, je n'ai eu d'autre désir, ainsi que je l'ai dit en commençant, que de prévenir d'imprudentes paroles et de provoquer une décision qui anéantisse à jamais l'espoir des conspirateurs.

Daignez, Messieurs, agréer mon profond respect,

J. SABBATIER.

Paris, 3 juin 1836.

P. S. — Au moment de mettre sous presse, l'on me communique deux nouvelles brochures contre Alger : l'une et l'autre tendent à l'abandon de cette colonie, la première par la voie directe et brutale, la seconde par la voie oblique et tortueuse. (1) Bien qu'elles ne soient en grande partie que la reproduction des arguments que je viens de réfuter, je ne puis, pour l'édification du public, me dispenser d'en donner ici une courte analyse.

L'auteur de la première commence par affirmer que tout le monde est de son avis, à l'exception d'un petit nombre de mauvais citoyens. L'unanimité de la presse à repousser ses opinions ne l'étonne pas : il sait, depuis long-temps, que la liberté de la presse telle que les journaux l'ont faite est une *insupportable tyrannie ; que c'est la liberté de tout dire, excepté la vérité.* La France n'a ni industrie, ni commerce, faute de moyens de transports ; Paris est dégénéré, tandis que Londres et l'Allemagne sont devenus le centre de toute grandeur humaine. Pour favoriser ce qu'il appelle les *turpitudes algériennes*, l'administration n'hésiterait pas à faire banqueroute aux légionnaires et à quarante mille petits rentiers. Quant aux représentants de la nation, on ne peut s'empêcher, suivant lui, de les accuser *de faiblesse, de lâcheté et de trahison.*

En effet, dit-il, « j'ai acquis la certitude que, dans le for intérieur, les deux tiers des membres de la Chambre des Députés, presque tous les pairs, tous les ministres, sans exception (je n'ose monter plus haut), sont pleinement convaincus qu'Alger est pour nous une mauvaise et ruineuse possession... D'homme à homme, chacun en convient ; mais en présence d'un tiers, mais en public, personne ne veut plus rien articuler contre Alger ; encore moins à la tribune, encore moins dans les journaux ».

Les expéditions de l'armée d'Afrique ne sont que des *niaiseries ;* les officiers, qui la commandent, que des *agioteurs,*

(1) L'auteur de la seconde brochure ne conclut pas à l'abandon, mais j'ai prouvé que la colonisation en miniature, qu'il propose, y conduit inévitablement.

souillant par les calculs de la cupidité la noble profession des armes; les colons, que des *banqueroutiers;* la colonisation elle-même n'est qu'*un jeu d'agiotage dont la fureur rappelle les extravagances du système de Law, avec une plus forte dose de friponnerie, de fraude et d'immoralité.*

Enfin, il n'est presque pas une classe de citoyens qui ne soit flétrie dans ce libelle avec une fureur incroyable. Certes, si l'auteur a eu le malheur de naître dans un pays qu'il ait le droit de traiter de la sorte, on doit s'étonner qu'il ne l'ait pas déjà répudié.

S'imaginant bien qu'il ne ferait accroire à personne que les deux Chambres, le ministère et un auguste personnage, l'aient choisi pour lui confier un secret que, de son propre aveu, ils n'oseraient révéler devant un tiers, et pressentant aussi que les Chambres et le ministère pourraient bien ne rien faire de ce qu'il demande, il veut au moins perpétuer les incertitudes des colons et des capitalistes; et pour cela, il ajoute que l'abandon d'Alger, résolu en principe, n'est plus qu'une affaire de temps et d'opportunité.

L'auteur de la seconde brochure, plus dangereux peut-être que celui de la première, s'exprime en ces termes :

« Alger, on ne saurait trop le redire, est une acquisition aussi honorable que sa conquête a été glorieuse..... C'est une possession inappréciable par sa situation, sa fertilité et la salubrité d'une grande partie de son territoire; c'est un débouché précieux pour les ports français du Midi, qui font de gros bénéfices en l'approvisionnant. En conservant Alger, on dotera la France d'établissements coloniaux plus à sa convenance qu'aucun de ceux qu'elle a autrefois possédés..... Alger ne saurait être délaissé : cette acquisition est si importante pour la France que rien ne doit être négligé pour en conserver la propriété.

» La bravoure de nos soldats, leur contenance, leur discipline, sont toujours en Afrique ce qu'elles sont partout..... Une seule chose est intacte parmi celles que la France a importées en Afrique, c'est la réputation de nos troupes. »

Assurément, il serait difficile d'assimiler ce langage à celui que j'ai précédemment reproduit. Et cependant, comment deviner ce que peut vouloir un écrivain qui, après s'être déclaré le partisan zélé de la colonisation, et avoir proposé de réduire à quinze mille hommes l'armée d'occupation, nous apprend que c'est précisément l'espoir de cette réduction qui encourage Abd-el-Kader? « Cet homme, dit-il, est plus habile que vous ne supposez ; il cède à la tempête. Il sait que vous réduirez vos forces : il attend tout du temps, de vos fausses mesures, etc. »

Je comprendrais quelqu'un qui, aspirant aux fonctions de gouverneur général de nos possessions en Afrique, et, les trouvant au-dessus de ses forces, voudrait les faire réduire aux proportions de sa taille; mais je ne comprends pas, je l'avoue, l'homme qui veut tout à la fois coloniser et favoriser les projets d'Abd-el-Kader.

Je terminerai cette note par deux faits qui mériteraient d'être plus connus :

Lord Clive, à son retour du Bengale, dont il était gouverneur, fit débarquer à Londres 130 millions, *fruit de ses économies;* et la compagnie anglaise qui exploite cette contrée n'a jamais légalement acquis, sur les immenses propriétés qu'elle y possède, plus de *quinze acres* de terre situés autour du fort William, à Calcutta.

Si les auteurs des deux brochures que je viens de mettre en présence eussent connu ces deux faits, il est à croire que le premier aurait traité moins sévèrement ceux de nos officiers qui pourraient avoir acheté de leurs deniers quelques arpents de terre en Afrique, et que le second n'aurait pas fait sonner si haut la prospérité que l'Angleterre a tirée de l'Indoustan, sans nous dire un mot sur les causes secrètes de cette prospérité.

Imprimerie de Guiraudet et Jouaust, 315, rue S.-Honoré.

www.ingramcontent.com/pod-product-compliance
Ingram Content Group UK Ltd.
Pitfield, Milton Keynes, MK11 3LW, UK
UKHW032031260826
14628UKWH00006B/2870

9 782014 11560